토성에서 생각하기

함태숙 시집

시인동네 시인선 193

함태숙 시집

토성에서 생각하기

시인동네

시인의 말

여름에 묶은 원고를
겨울에 만져본다.

어디를 유영하고 있는지
나는 이미 토성에 이주한 것 같다.

(사랑했던 지구를……)

사랑과 지구가 왜 과거형 속에 있을까.

2022년 12월
함태숙

차례

시인의 말

제1부

너의 천사 · 13
다마스커스 칼 · 14
감자전 · 16
돼지가 오는 밤 · 18
신촌 우화 · 20
코비드 연인 · 23
우리는 혀를 나눠 먹었죠 · 26
링링 · 28
작은 의자와 작은 테이블의 철판요리 집 · 30
토성에서 생각하기 · 32
상수역 4번 출구 · 34
여자의 정면 · 37
독후감 · 38
영혼은 육체를 모사하고 · 40

제2부

콜링 · 43

수국과 나 · 44

작약을 보내다 · 46

수원에서 · 48

강의 벤치 · 51

포레스트 · 52

안목 · 54

델타 행성 · 56

밤의 천변에서 · 58

청귤이 오는 소식 · 60

회복기 · 62

여수에서 · 64

흑작약 · 66

제3부

북쪽의 수문 · 69

시간의 정원 · 70

거울 회관 · 72

내가 망친 페이지 · 74

유체이탈 · 76

사물의 본연 · 77

초록에 대한 해석 · 78

나의 각다귀 · 80

두 개의 눈동자 · 82

두 개의 붉은 사립문이 있는 화령전 · 84

투명한 미래 · 85

흑염소를 먹으러 갑시다 · 86

테헤란로 · 88

제4부

글자의 품위 · 91

말린 꽃 · 92

몸 끝의 인드라 · 94

시인의 부고 · 96

생일 · 98

사랑은 지옥에서 돌아온 흰 개와 같아 · 100

너의 칼로 · 102

거미에 대한 생각 · 104

흰 새의 방 · 106

물의 관람석 · 108

비 오는 눈동자 · 110

너를 등에 업고 · 112

해설 행성의 상상력 · 113
　　　이재훈(시인)

제1부

너의 천사

나는 멀어진다

한 방울의 지구
한 방울의 지구

그리고
남은 것이 있다면……

내가 흘린 눈물 속으로
추락하는
천사

다마스커스 칼

저는 무결로부터 왔는데요 아버지
당신처럼 두 개의 심장입니다

저항할 수 없는 미학처럼 저를 이끌고 가는
미지가 몸속에는 있습니다
급냉각한 화산의 부유물처럼 겨우 형태를 갖추기 시작한
존재란,
자기가 인식한 자기 두려움의 외연입니다
강함과 무름을 똑같은 밀도로 채워 넣고
찌름과 찔림을 하나의 사건 속으로 껴안고
서서 우는 지평선입니다
새로 돋는 별들을 다 떨구어 버리는
해체와 봉합의 밀크웨이를
저는 또 한 번 걸어가야만 하는 것입니다

제게는, 주검만이 당도할 극지가 있으므로

쌍별을 찾듯이 원수를 찾아 헤매는

기이한 사랑이 있습니다
입술을 열면 비명의 입구에서 얼어버리는 언어가
축문을 읽듯이 그 스스로를 애도하며
올라오는 첫 잎사귀가

거듭거듭 오는 것입니다
서로에게 봉헌하는 순간이
곡선으로 이으면 춤이 되는 시간이 주검에서 뽑아 올린 치아처럼
미지를 뒤덮는

우리의 너머에는
우리가 있음을 아는 것입니다

진실을 토막 내고 돌아오는 망각의 모습으로
다시 무결해지는 아버지

저와 같이 당신도 두 개의 심장입니까

감자전

 저도 알고 있습니다. 자본의 부당한 이익을 취하지 않겠다는 신념을 가져야만 이것은 맛을 낸다는 것을. 그러므로 저는 감자가 정직하다와 충실하다는 신성의 어원으로 사용되기를 요청합니다. 정당하게 우리는 주문해야 합니다. 초록 식물이 태양과의 관계로부터 산출한 존재의 증명을 말입니다. 생물학적 기관 안에 이미 내포되어 있는 내면을 맑고 고운 전분으로 현현하는 광합성의 절차야말로 수세기의 저의 종교였습니다. 당신이 채칼로 썰어 튀김옷에 입혀 올린 그것은 영혼의 질서에 위배됩니다만 당신은 사랑의 계율이 그러하듯이 변칙과 수정과 특권적인 자유의지로 제게 주장했습니다. 오늘날 얼마나 많은 고객들이 감자채전을 주문하는지 아느냐고 사회적 정당성을 부르짖었습니다. 그러나 노동과 내면과 지루한 절차가 생략된 한 접시의 맛은 저를 절망케 합니다. 꿈꾸듯 알알이 새겨진 엽록소들은 어디로 갔습니까. 여기 저장된 하늘과 대지의 융합은 어디에 있습니까. 강판에 갈면 물고기 비늘처럼 올라온 칼날에 같이 갈려지기도 하던 피부도 감자의 흰 살에 스며들어 사과 빛을 내던 순수한 분홍을 누가 추방한 걸까요. 사랑하는 이여, 한 알의 감자가 굴러 멈추는 구석이야말로 율법이 완성되는 광야입니다. 버려짐으로만 드러날 수 있는 은총입니다. 이렇게 썩어가거나 강판에 살을 갈리거나 후일의 물질은 관계의 순도를 증언합니다. 당신은 다른 하나의 값으로 이미 이것을 치러냈다 하였지만 이것은 거래의 밖에서 교환되는 것입니다. 이를테면 감자의 전체와 하나의 맛과의 교환 말입니다. 저는 그렇게 갔는데 당신께는 제가 오고 있는 게 아니었습니다.

돼지가 오는 밤

 누가 심었는지 오늘은 꽃들의 회합 긴 꼬리의 만지면 부드럽고 매끈한 동물 같은 그 이름 물리, 어쩌면 소금밭을 지나온 홍합의 떼일까 구름은 보기 드문 짙은 핑크

 인간의 시각은 피비린내도 아름다움의 공모로 끌어당기고 저마다 제 사연으로 저무는, 그러나 오늘은 다른 것이 오는 밤 짜개진 두 개의 발굽처럼 붙어 있던 죽음과 삶을 가르는 우제류의 밤

 본 적 없는 아프리카 신열을 주렁주렁 매달고 방역을 못한 회한이 떠나가네 목통은 굵고, 코도 입술도 대충 이어붙인, 천한 일가가 단추 구멍 같은 눈으로 저쪽을 보네

 축생에도 영혼이 있다면 더러운 돈사 같은 몸을 먼저 빠져나오겠지 하늘의 흙을 무지막지한 주둥이로 파헤치면서 야생의 엄니를 뾰족하게도 되찾겠지 내일이면 울타리를 박차고

 땅속의 하늘로

하늘의 땅속으로

 새로 돋은 송곳니를 앞세우며 너희들은 너희에게로 돌아가리라 한 배에 열 마리씩 종자를 뽐내리라 멱따는 소리로 원죄를 다 바치며 천사의 여러 형상 중 가장 많은 모성을 가르쳤던 돼지들이여

 가거라, 인간의 손때를 벗기면 되찾을 이제는 너희들의 천국으로 뒷발로 산 같은 죄를 대지에 돌려주고

 피어나라, 원형의 여자여
 오늘 밤 공중의 광장은 남김없이 피 묻은 꼬리털

신촌 우화

당신이 모호하게 말하고 신전의 한쪽 옆구리를 받치고 있을 때
나는 끝없이 계단으로 내려오는 중이었습니다

화재가 난 건 아니지만 안심할 수 없는 연기가 올라오는 환풍구로 제 가슴은 노란 유황불을 피워 올렸습니다

새들이 날아가다 자주 엑스터시에 걸렸습니다 마취된 채
자신의 환상 안에서만 울리는 건반이 알몸으로 나란히 누웠습니다

중력을 벗고 고양이 한 마리가 구름의 옥상 위를 착지합니다
밤은 눈 주위에 둥근 물결무늬 물고기 눈을 하고요
백화점 골목 뒤에서는 갓 익은 영혼을 맞춰보며 연인들이 다투고 있습니다

이제 백만 년 동안 이곳에는 겨울이 닥칠 건데요 당신은 벌

어진 틈 속으로 지구의 모든 기억들을 집어던지고
 지금 막 출현한 연인의 밀어도 네온사인에 휩싸여 굴러 옵니다

 작은 균사체가 끝없이 퍼져 나가는 발아래 삼림을 나는 건고요
 수피가 흰 한 그루의 신앙처럼 당신의 발밑은 잎새들의 기도로 버스럭거립니다

 땅이 입술을 가진다면 저의 말을 베껴댈까요
 당신은 돌처럼 단단한 밤의 내면을 길 위에서 줍기도 할 것입니다 그때 도시의 전체는 장미의 조각으로 아로새겨진 신들의 정원이고

 당신은 찡그리며 허리를 일으키겠죠 지독한 사랑만이 다스리는 통증이 번개처럼 당신을 스쳐 갑니다
 우리는 신전의 갈라지는 균열을 음악이라 부르겠습니다

마취를 풀고 일어서는 건반처럼 직사각의 길쭉한 건물들이 도열한 도시에서 언젠가 파묻은 시간이 융기합니다

저는 빼곡한 손가락 끝에 붉은 벌채의 표지를 달고 당신께로 달려가겠습니다 도끼날에 쾅쾅 가슴을 찍히며
다…가…갈수록… 공터…가… 되는…

밤은 희고요 당신은 웃고요 지하계단을 내려가며 저는 한 번 뒤돌아보았을 뿐입니다 백만 번 겹쳐지는 이별을

언젠가 당신이 허리를 굽혀 주워 간다면, 기적은 저희가 꾸는 가장 밀도 높은 꿈입니다

당신은 자꾸 발 뿌리가 걸리는 날을 가집니다 이 모든 비밀을 한 송이로 구조화해 놓은 신전의 유일한 사제처럼

이제 아름다움이 저희를 우리를 차례입니다

코비드 연인

숙주가 될 수 있으므로 올여름엔 바캉스를 가지 않았다
 밀린 일을 좀 해놓고 액체괴물처럼 늘어지는 군중들 시간은 투명하다 사라지고

그게 예의라고 생각한 강변에 나무와 파라솔과 간이 휴게소들이 풍경의 하단 부위를 오려내고
 이런 식의 비자발적인 삭제를 얼마나 견딜 수 있는지
 부리를 부러뜨린 새처럼 입술인지 음부인지 모를 표지가 수초처럼 엉켜 있었다

구름은 양 끝에 고리를 달고 눈자위가 뒤집혀진 하늘을 수습하고 여름은 거기까지고

도심에는 새로운 문명이 솟아나고 있었다 두뇌를 광속으로 가득 채우고 그가 선택한 감정은 자기 파괴를 반복하는, 반복되는 자기증식
 테헤란은 바다와 죽음을 제거한 거대한 웨이브로 스타일링을 마치고 자기혁신은 자기 소멸을 전제한다고

유리 난간에 붉은 내장이 미끄러지는 일몰을 관람한다

거대한 브라운관이 계시하는

우리는, 우리가 사라지는 부드러운 매뉴얼

모든 어제를 납작하게 내리누르며 강화유리처럼 돌이킬 수 없는 결정이 당도하는 밤이 오겠지
　잠금장치를 푸는 시늉으로
　네가 더듬던 사면의 직각 안에서 수없는 삭제로 하나의 회로가 되어버린 사랑이란 것도
　숙주가 되어버릴까 봐 접촉을 차단했지

　깨진 액정을 들고
　만질 수 있는 유일한 육체는 오직 나라는 환상이라 말해줘

세계는 너의 부재로 이루어졌고

우리는 말없이 얼굴을 건네다 사라질 뿐이다
 일련번호를 붙이며, 신은 우리를 제한 값으로 돌아오는 한 사람

우리는 혀를 나눠 먹었죠

오늘 아침 일어났는데 또 입술에 피가 묻었어요
연인의 심장을 스테이크로 잘라 먹은 연인처럼
꿈속에서도 무엇에 굶주려 사랑과 증오를 혼동하죠
네, 당신은 맛있었습니다
그렇게 오래 혀의 돌기에 붙어, 뇌가 화약처럼
탕탕! 폭발하도록
아, 정신을 차려보니 당신은 사라지고
저는 피범벅이 되었네요
바짝 독이 올라
뇌가 거대한 감각기관이에요 몸이 하나의 입술이에요
저는 순순히 입을 벌렸는데
혀가 받아들일 수 있는 순수의 역치를
당신은 넘어섰죠
맵고 쓰고 떫었다고 말하네요 흐느끼는 기억이
복잡할수록 왜 더 진했는지
몸에 나쁘지만 중독이란 영혼에는 좋은 거였다고 말하네요
끊어진 혀가, 당신을 썰어 먹다 함께 삼켜버린
고백이 있어요

게웠다 다시 씹는 맛으로

몸에선 왜 스테이크가 돋아나는 거죠, 메뉴에도 없던 이것을

당신께 어떻게 권할까요

링링

 덜컹덜컹, 간신히 잡고 있는 창틀에 끼워진 창처럼 육체는 풍경을 분열합니다 그런 때가 오고야 만 것입니다
 쿵쾅거리며 여닫히는 관 속의 유해처럼 사후 경직된 바닥
 여기 한때 전신을 실었던 이름들에 저는 아무 주장이 없습니다
 한쪽에서 좀이 슬고 한쪽에서 뭉쳐지는 먼지들의 텅 빈 사바나
 늦은 오후의 거대한 주름 사이로 황금빛 태양이 어떻게 당신을 추종했는지
 언짢듯이 한쪽으로 자신의 노획물을 밀쳐두고 늘어진 배 아래 끝없이 복종하는 하얀 평원도
 침묵으로 포효하던 당신의 거처에 힘없이 떨어지던 숱한 분침과 시침들에 아무 할 말이 없습니다
 뜨겁게 타들어 가 바스라지는 지표의 껍질들은 당신의 삶 속에 어떠한 권리도 주장할 수 없습니다
 얼마나 빠른 속도로 이것은 도래하는지 새끼손가락에 끼워둔 불멸을 지구보다 더 빠른 속도로 던져버린 존재의 앙칼짐에 대해서도

가늠할 수 없는 상공에서 어마어마하게 몸을 불려 초고속으로 다시 이 모든 것을 집어삼키는

그때는 아무것도 모르고 웃으며 받아먹었던 빨갛게 길게 끝없이 깎여 나오는 북반구

알몸으로 남은 한낮을 당신이 빙글빙글 돌리며 푹푹, 쑤시며 접시에 사분 팔분 했을 때 이별은 시작된 거였죠 아아, 저의 두 번째 날

사랑은 뿌리째 뽑혀 나뒹굴었습니다 그 주인을 낙과시키기 위해

링링, 어여쁘고 추억 같은 이름을 부르며

처음의 그 얼굴이 들이닥칩니다 공포처럼 거듭거듭 창틀을 흔들며 유리창을 박살내며

인·정·하·라·고·인·정·하·라·고·다·끝·났·다·고

작은 의자와 작은 테이블의 철판요리 집

작은 철판요리 집에 들어갔지 마음껏 전시하고 싶어
신의 거대한 눈동자에 앉아
두 개의 의자와 작은 테이블을 질질 끌고 초대받은 유일한 인류처럼
창밖으로 기린 떼가 지나갔지 물기둥이 자꾸만 서고
아주 협소한 강과 해쓱한 사바나가 창틀을 건너왔어
우리가 살짝 끌어당기면 대륙의 무릎들이 닿을 듯했지
식탁에는 소금 알갱이만큼 축소된 히말라야가 살굿빛 뺨을 내놓고
직육면체의 한쪽 빙벽 옆에 앉아서도
너의 뺨엔 불의 잎사귀가 일렁거렸다
너는 뜨겁다 했다
철판에 기름을 끼얹던 종업원은 근엄했고 너는 그게 불평이었다
양쪽에서 굴을 파듯 붉은 쌀을 허무는 동안
지구가 미러볼처럼 빙글빙글 돌아가고
옆자리엔 다중우주 같은, 우리가 상상 속에 다녀간 풍경이 열리고

불의 잎사귀는 오늘의 내벽 속으로 사라진다
계산을 치르고
이제 밤은 각기 다른 내파를 견뎌야 한다
너의 뺨은 내 손자국이 남은 고대의 주술 온갖 기호로 점철되어 있다

진실은 망각과 함께 출현하고
사랑의 유일한 진화는 행위를 역순으로 되짚어 가는 것

얼마나 자주 철판 위로 달려갔던가 두 눈이 부어
얼마나 오래 창밖을 바라보았던가 작은 신체의 동굴 속에서
이 세계의 부드러운 퇴행을
열망하며 열망하며

표면을 들키지 않고 기화하는 물방울의 순간들을

토성에서 생각하기

어디서 이 간극은 발견된 것일까

생이 여러 번이었다면 가장 단순한 곡선이 되었을 거다
부피를 삭제한 바다처럼
깊이란 건 수평의 개념이 되는 거지
끝없이 길어지는 양팔을 봐
무릎을 가슴에 싸안듯이

우리는, 우리의 바깥으로 튕겨져 나가지 않게
우리의 감옥을 자처하며

하나의 둥근 질량을 얼음과 먼지의 고리로 에워싼
당혹스러운 아름다움을
노이로제에 걸린 연인의 눈 속에서 번쩍! 이는 섬광을
떨어진 부싯돌을 주워 들듯이 이게 맞나? 망설이며 모든
생애의 허리를 굽히듯이

그때 다시 리셋 되는 시계처럼

혼자만의 유일한 설득으로 다시 나를 데려오는
너는, 다정한 나의 몰락

근접하면 타버리는 표면을 끝까지 다이빙하며
너는 영혼 속에 어떤 간극을 포함시켰다 네가 사라지며
재생되는

사랑의 기술력으로는 도달할 수 없는 생활 위로
폭우가 내린다 미친 듯이 소멸하는 피사체를 따라잡으며
끝없이 전송하는
전소하며 내려앉는 음악이 되어

상수역 4번 출구

여름 장마의 긴 꼬리를 밟고 상수역에서 만날까
밟은 장소를 끌고 다니는 혼자만의 부표

그러니까 전선의 새들이 끊긴 단락을 잇고 끝이 말려 있는 흰 종이 같은 원시 속으로

책의 비밀은 아프리카—

뇌와 심장의 수압을 맞추려 사지는 불변의 모서리를 꾸욱 누르고 구름이 일곱 개의 경추를 천천히 지면에 댈 때

성대는 있지만 울음소리를 낼 수 없는 페이지를 접어 우리는 4번 출구에서 만날까

강을 보고 싶다면 가죽 끈으로 친친 묶인 지구 반대편의 수로를 끌고 와서 침처럼 맑은 물이 발등 위를 지나가게

뒷좌석에는 흰 배를 내놓은 코끼리가 긴 잠에 빠지고

직전까지 누워 있던 옅은 베이지의 뻘밭은 어린 죽음이 숙성시켰던 자리

이제부터 우리는 거대한 눈물 캡슐
여기서부터 아늑하고 비애로울 테다

생각하면 죽음은 자궁의 부표, 다채로운 종속과목 강문계

태아의 웅크린 형태로 일찍이 너는 네 출현 이전의 너를 상형하고 저녁의 귓불을 매만지면 얌전히 손끝에서 수줍어지는 대륙이 있었다
 신체의 한 부위, 부위를 발견하는 최초의 찬탄이

모든 사랑에는 상수로 붙어 있어

그리고 망칠수록 더 아름다운 신들의 파지 위에
이제 겨우 글자들의 신분에서 놓여 난 아이우에오

어이! 긴 창을 집어 들듯이 네가 부르면, 붉은 새우를 잔뜩 집어삼킨 입술로
오우! 홍학의 외발로 나는 서서

우리는 만날까 잠 속의 하늘에서 검은 태양을 몰래 꺼내어 볼까

여자의 정면

빗물은 아무리 숨겨도 정면을 알고 작은 입술을 만든다
우리가 그날의 일기를 다할 때
이제 막 신성해지는 잎사귀를 뜯어내며 아무렇게 범람할 때
이제쯤 그칠 때를 기다려 한 움큼 자리를 잡고, 우리를
우리의 관계 속으로 어김없이 불러다 앉히는
작은 평정
마음은 육체에 자재해 여름 끝에 숨겨둔 물확이 된다
허공의 둘레는 우리가 타협한 푸르고 싱싱한 말들의 뼈

나는 입을 헤— 벌리고
핑핑, 지느러미를 뽐내며 춤추는 한 마리 물고기를 얻는다

이곳을 구름의 거대한 수조라고 믿고 있는
물속의 사원에서

독후감

 이 책은 너무 소중해 완결을 알고 싶지 않다 연인의 청색 셔츠를 열듯이 펼쳐지는 하드커버 그리고 눈으로 더듬는 몸 한 번 박힌 자리에서 다신 돌이킬 수 없는 인쇄본처럼 늑골이 ― 흉골이― 오직 내게로만 열려 이 책은 가장 집중하는 현재로서만 자기를 증명하도록 나를 사용하기 바란다

 장(章)이 멈춘 곳에서 내게 멈춰선 운명을 가름하기 바란다 우연한 필치 속에 쏟아지는 폭설로 미지의 내면이 무구해지길 바란다 드문드문 간이역과 폐역처럼 무너져 내리는 침묵과 몇 개의 비극으로 그 자신도 모르는 숱한 전생을 복기하고 있음을

 너는, 너에게로 이어지는 은둔의 노선

 끊어진 풍경을 환각으로 이으며, 네가 분명 달려본 가장 분명한 실체 위로 사랑은 여전히 시간에 포개어 있다 너에게도 개시할 어떤 무렵이 다가오고 있는 것이다

자기를 축소해 울음소리로만 간신히 자기를 구분 짓는 영혼들처럼 하나의 육체 앞에서 우리가 할 일은 오직 곱고 눈부셔지는 일— 명사십리에, 너는 나와 한 꽃송이의 배경이 되는 일

우리는 우리가 읽지 못하는 책을 엮으며 떨리며 건네며 이윽고 겉장을 연다

영혼은 육체를 모사하고

 꿈에는 흰 박쥐가 나왔다 한다 우리에겐 하얀 광맥 같은 길이 나 있어, 나는 환경을 완벽히 모사한 생물을 떠올린다 수압을 견디느라 춤추는 심해어 죽음의 험한 눈알을 본 대로 박아 놓고 있는 눈 많은 그늘나비 또 몸을 갑옷처럼 뒤집어쓴 마음 같은 날개 전신에 박힌 바늘을 다 뽑으면 그의 가장 부드러운 게 노출되는 죄 없는 복부와 따스한 내장을 마트의 봉투처럼 담아 들고 있는 한밤의 동면을 생각한다 그 모두를 모사한 내 영혼을 소리 없는 비명과 헛된 전투력을 어디서 받아 왔는지 당신은 거울을 보듯 문득 놀라겠지 서식이 확인되지 않는 붉은 박쥐 강하게 빠르게 날아다니는 그 외 대부분은 비애로 몸을 똘똘 감춘 나의 얼굴을

제2부

콜링

 제가 살지 않은 시대의 글자를 봅니다 신들의 필기체 같은 곡선과 방울들 한 번도 손을 떼지 않는 영원의 연음들이 광선 같은 노트 줄을 끌고 옵니다 그 자신의 지시체를 떨구고 순수한 신의 도형으로 돌아옵니다 어떠한 표준과 공식 속에 기록을 넘어서고자 하는 순수한 모독이 있었습니까 입구의 돌을 밀쳐내고 살아오는 첫 음절이 율법의 배치를 바꿉니다 그리고 의미는 텅 빈 무덤입니다 하나의 행성을 하나의 사랑으로 전환하기 위해 돌아오는 나자루스 아직 쓰이지 않은 시처럼 공중에 걸린 돌무덤들 그림자를 세척하고 널린 빛처럼 저는 제가 살지 않은 시대의 글자를 봅니다 그의 깊은 내면 속에서 발현하는 부드러운 이름을 기억하고 어쩌면 우리는 서로에게로 급속도로 팽창하는 우주입니다 부르지도 않았는데 응답하는, 응답하는 방식으로 부르고 있는, 텅 빈 입과 텅 빈 귀와 당신의 텅 빈 얼굴 호명되어야 완성되는 기나긴 창세입니다

수국과 나

난 수국을 좋아한다 이쪽 끝에서 저쪽 끝까지
양극을 끌어당긴 부드러운 악력을
이것을 이해하는 이를 좋아한다 어떻게 말할까 망설이는

본 것들을 눈에서 도려내고 시선을 옮기는
내일은 새로운 내일의 지구
사랑은 더 이상 내 일이 아니라는 말

거울이 전하는 사랑의 부고를
나는 좋아한다 번개와 뇌우와 머릿속에서 이는 충돌을
진작에 7월의 나쁜 일기일 뿐이라고
좋은 걸 더 좋게 알아보기 위해 우리가 망친 날들이었다고
말하는 한 묶음의 혀를

탄성으로 마중 가는 입술의 작은 내력을 나는 좋아했다

구름은 너의 치음 사이로 흐르는 이명
어떻게 말할까 흙 속에 들어가 부글거리는 젖는 불꽃들

나는, 나의 부고를 전하기 위해 헉헉 걸어가
긴 창에 기댄다— 눕는다—
내 하늘에서 내 흙에까지

한 움큼 쥐어지기를
사랑은 하나의 단위를 창안하고
주검은 육체성으로는 흐리게 영혼과 겹친다

난 좋아했지 순수한 너의 배반을
그토록 많은 입술로 흘려보낸 단 한 줄의 합창을

작약을 보내다

그럼 이제, 어떻게 돌려줄까
일과 후의 취향을 굴욕에 대한 비밀한 거래를
광기도 예술도 아니었다면 계절의 컨베이어를 타는 식물
(인간에게서 웬 플라스틱 타는 냄새?)
진실은 깊이를 지니기 위해 당신이 끼워둔 파본
질문을 기다리는 자의 두 귀처럼
그 페이지는 접혀 있다
 한낮에도 눈이 캄캄하고 세계가 핏기 없이 쓰러지는 곳
 당신은 더욱더 내밀해지는 정원을 갖고 시간은 다양한 체위로 부푼다
 한 번의 삶은 수차례 돌려본 밤의 시뮬레이션
 이것은 가능할까 지옥에서 환각을 실재하기
 하얀 섬망처럼 구근은 오르고
 꽃은 공중의 뉴로시스
 글자들은 영혼의 부르카
 자기가 범한 것을 은폐하기 위해 자기를 도취하는 피가학성으로
 서정으로,

자유는 연대를 위한 죄를 탐색한다

아름다움은 당신의 최종 진화단계 망실은 당신으로 가는 모든 과정

고요하다 너는, 파트너를 잃은 폭력처럼

속으로 파고드는 거대한 회오리

투명한 포장지에 싸여 추억은 또 다른 장르가 되겠지

그리고 이건 트렌드다

수치인 불명으로 돌아오는 이 긴 문장은

수원에서

찜통 같은 날이야 도시는 척추기립근을 곤추세우고
너는 사건 속으로 들어가기로 한다
객석은 없고 무대만 있는 곳 여기가 인생이지
얼굴은 마구 마구 분화되어 점점 더 구체적인 하루가 되어 간다
하얀 고체연료처럼 너는 시간의 성곽을 쌓고
단번에 타오르기 위해 이 도시의 모든 내러티브를 끌고 가
너의 연인 옆에 파묻는다
두개골을 빙글 돌며 몇 개의 상징이 이파리를 흔들고
너를 확장시키고
너의 연인은 응축된 밤의 수로를 열고
차가운 보라색 챙 아래
핏빛 심장 몇 알 공깃돌을 던지고

너는 얼마나 부주의하고 경박했는지— 순수는 그 페이지에 그대로 머문다—

상상한 그대로의 일이 벌어졌으므로 불멸을 반복하는 너의

네모 칸 밖으로 발을 내뻗는 너의
　침대 시트 바깥으로 너의

　신비는 주체를 가리고
　하나의 감정으로만 지리를 구획한다
　사방 구름의 코러스를 두르고 물체와 영혼의 유비를 맞춰 보자
　이것은 학교에서 하는 일

　태양의 노란 담즙을 명명해야 해
　다시 쓸개와 내장과 복부와 신체가 불려나올 때까지
　너는, 네가 보기로 한 것을 끝까지 따라가야 해
　날개를 똑똑 부러뜨리며 추락으로만 적을 수 있는 필기구를 얻어야지
　목을 다 따내고 선 채로 증발하는 구름 아래 세계를

　나는 말총머리를 팔랑 끌어올리며
　중력에 역행하는 물방울이 될 거야

그때 그 시간의 얽은 가지에 꽃이 되는 비를 뿌릴 거야
초록 휘발유 같은
내 사랑, 너는 얼마나 타오르게 될 건지
찜통 같은 날이야 물에만 수원이 있는 게 아니어서 불에서
도 나는

강의 벤치

어젠 산에 있다가 오늘은 강에 온다

어젠 착륙한 죽음이 오늘은 이륙한 생이다

죽은 날개를 펼쳐 들고 빙 도는 잠자리 슬그머니 벌어지는 경계에서 쏟아져 나오는 사람들

네 개의 다리가 꽝꽝 박혀 날아가지 않는 벤치에는 하얗게 눈을 흘기며 극지로 넘어가는 하루가 있다

물속의 몸을 들여다보기 위해 밤은 다른 방향을 밀며 들어오고

슬픔에는 측량할 용적이 없지 먼지 뭉치같이 떠다니는 구름의 사체들 자기 속에 익사한 자신의 일부를 토대로 우리는 함께 흐르다 찢어지다 증발하다

쥐약 같은 푸른색을 혼자 탕진하고

─애인의 청춘은 가장 화려한 애인의 사인(死因)

사랑을 저주하며 죽어가던

사랑보다 더 긴 의지로

의자가 된다

포레스트

하늘에도 빙벽이 있어 뚝! 떨어져 나가고
흰 기러기 74마리 흰 기러기 알 216개 검은 시로미 열매 300만 개를 먹어야 한답니다
잠시 허공을 가졌다 어떤 대륙은 정처 없이 쏟아지는 돌비가 돼요
등지고 시작하는 마음으로 두 눈의 둥근 우레 구멍
집들을 쌓아 올린 패총 같은 기억들을 내려다보며

저렇게 살고 싶었던가 창 안에 눅눅한 빨래가 주인을 기다리는
여러 몸의 한 가지 마음으로

손톱만 한 틈이 있다면 자생하고 싶었는데
물에는 뿌리가 없다네요 근원을 닫고 지나가는 연인이여
사랑이란 구조를 버리니 모든 길이 온 곳으로 돌아가는 길뿐이군요
지구를 뒤집어보면 무른 태양을 볼 수 있을까
비에 곯은 알을 가리는 날개의 심정으로 흰 기러기 74마리

흰 기러기 알 216개 검은 시로미 숲 300만 헥타르

  돌아보면 돌이 되어라 우리는 부리를 깎고
  보고자 하는 곳으로만 간다면 길게 흙을 묻힌 것은 어쩌면 두 날개

  먼 기억의 밤들은 살금살금 내려오네 죽음은
  신의 안와 뼈에 담겼네

  악행이여 노래가 되어라 후렴을 풀어도 10행을 넘기진 않는
  너의 흉몽을 다스리는 빙글빙글— 금빛 아카식

  눈 없는 여자가 안구를 들고 있다
  한 사람의 몸 안에서 길게 흘러나온 내장 같은 골목 끝에서

안목

 나는 이 환상이 옳다고 이 구체 안에서 시작해 보라고 시간이 몸을 일으켜 닥쳐오는 물결을 믿는다 우리가 천산북로 새까만 울음처럼 후두둑 떨어지던 협곡의 파열, 표정 없는 하얀 구름의 유목 무릎에 말린 과일들을 내놓는 사막의 행려처럼 우리가 익힌 역병이 어디서 기원했는지

 당신은 내게서 몸을 떼지 않고 거듭거듭

 두 개의 육체를 감염시키지 않으면 이동할 수 없었던 부드러운 치명과 서로를 건널 때 뉘어온 뜨거운 혀 밑의 지명 마지막을 헤아리며 깨어나는 첫 물결 발등을 적시는 투명한 무게와 입속에 까끌거리는 긴 서문을

 알몸을, 당신이 두루마리처럼 펼치던

 밤은 얼마나 긴 줄글에서 번져 나온 잉크 자욱인지 새벽은 기억하기 위하여 우리가 채워놓은 푸른 환상 절벽에서 발을 헛딛는 염소처럼 이유 없이 매달리는 이 흉곽 안에는 위험한

안식이 있고

  우리는 하나의 병 속에 서 있고

  두 눈 속에 파묻힌 해변의 조약돌처럼 신체의 일부는 다른 것을 꿈꾸기 시작했지 사랑은 밤새 두 개의 흐린 구슬 속으로 돌아가고 텅 빈 시선 안에 거듭거듭 닥쳐오는 진술들과 얼굴 안의 하이얀 날씨들 무엇을 읽었다는 표지로 영원은 하나의 장면을 구성하고 있는지 나는 너의 안목을 믿고

  밤새 바다 없는 해안선을 걸을 수 있다

델타 행성

목이 따끔거리는 게 아무래도 수상하지?
그렇게 물고 빨았는데 아무래도 이 텍스트는 버려야겠어
교정 보느라 몸을 탕진하겠네
손끝에서 맥없이 날아가는 검정 새들—
캡처, 캡처해서 보내오네 무력해진 하늘을 끌고 오는
침상 위의 문장처럼
층마다 주검을 눕히듯이, 누워야 수평을 얻는 유리절벽처럼
우린 그때 창밖을 보며 이승의 불빛들이 한꺼번에 켜지는 기이한 무덤 앞에 있었지
저 검정 빌딩은 아무래도 비석 같지 않아?
절개선을 긋듯 흘러내리던 밤의 출처들 꼼꼼히 주석을 달 듯
섬세하게 계산된 동작과 순서들이 공란을 메우고
사물의 뒤척임 위로는 달의 긴 속눈썹이 닿았다 떨어졌다
이곳은 얼마나 건조하고 뜨거운지
질병과 육체를 쌍으로 맞추며 사막을 넘나드는 낙타처럼
제 몸을 섞는 건데도 적도의 별들은 그렇게도 수척해지다니
밤이 되면 발열하는 몸 밖의 체온

모래를 뿌린 듯 눈 속이 까끌거리네 우리는 같은 호실을 나와서도 각기 다른 부장품을 몸 안에 배치하고
　아무래도 이번 생은 폐기해야겠어
　하루와 하루 사이에 그렇게나 많은 속지가 찢겨져 나뒹굴고 있는 거리를
　태양을 구기며 걸어 나오는 한낮의 파지 위를

밤의 천변에서

이 강은 서해와 이어지고 물결은 그 너머 사막을 건너왔다
움푹움푹 발꿈치가 무른 물의 자국들
오래전에 당신은 목선에 꽃을 뉘였고 헝겊과 가죽으로 모래 침상을 덮었지
죽음은 작은 포구처럼
심장에 묶은 밧줄을 끊고 그날을 떠밀고
당신은 아무렇게나 마모되어도 좋을 흰 뼈로 나뒹군다
다음날의 풍경은 다음날의 꿈속
당신이 밀어준 배 한 척이 옆구리에 닿았네, 뭐가 보여?
움켰다 쏟아지며 단단하게 다시 움켜쥐는 줄기 위에
젖은 꽃잎이 퍼지네
비로소 문명을 시작하네
작은 구멍 안에
파종하듯이 한 사람을 부르는 제의가 있었지
새는 가장 좁은 둘레에 가장 긴 궤적을 남겼다
우리는 잘못 발신된 번호로도 불려나오는 마음
순수한 행동이 순수한 신체를 끌고 오길 기다리는 난파의 바다

눈동자와 낙타처럼 긴 속눈썹과 땋아 내린 머리를
오래 만진 무언가가 형태를 드러내기를
간절함이 만드는 얼굴에서 전생의 안부가 떠오르고
자기의 부족과 홀로만의 예언으로
신은 우리에게서 원시종교를 되찾는다
서로의 발자국을 겹치며 검정 염소를 몰고 오는
육체는 영혼의 가장 긴 후유증
뭐가 보여? 아무것도
이 강은 당신의 눈썹 아래, 제 몸을 끌고 오는 물의 환영
끌어당기면 흰 뭉치의 잠
이 꿈은 거듭 거듭 당신에게 당신을 보낸다

청귤이 오는 소식

슬픈 꿈을 꾸었다 이름을 물었던—
그건 네가
백년을 사용하는 것이라는
고요한 만트라를 깨트리며 불편하게
너는 등장하고
종말을 원하는 두 개의 기둥을 세운다
(죽음은 마찰음을 생성하기 위한 조성기관)
호명될 때마다 예언을 실현하며 백년을 매달리는 것이 너의 일이다

얼굴이 얽은 자국은 달이 밟은 발자국
겨울에 난 가지는 참형의 한 가지
너는, 너라고 불리고 남은 것들
태양의 뒤편에서 끌고 오는 너는, 너라는 자치구역

몸이 투명한 여자의 앉은 자리에서
우르륵 쏟아지는
외눈박이 우주들

사물이 입을 건너기 전의 떨림으로 내 손끝에는 무겁고 시린 것이 열리고

 자기 죽음을 들여다보기 위해
 너는 겨울에 돌아온다
 오해와 낭설을 반복하는 불안한 흰 손바닥 위로

 새벽을 집어삼킨 맹금이다 죽고서야
 발견되는 무엇이다
 네게서 밀생하는 것들
 구름이 허공을 접어 최초의 눈동자로 몰아오는

 그 백년의 일을
 잊어야 하는 것이다 사랑에도 기원이 있다면

회복기

아직도 어지러운데
구름 위로 더 긴 손바닥을 내려놓는 구름과 정류장의 투명한 지붕 아래
각자 노선을 짚어보는 저녁이 와서
찢어지는 얼굴로 비는 뿌리는데
집합금지도 조금씩 풀리고 잠깐 쥐고 있던 손금들을 제자리로 풀어주고
한 번은 더 봐야 하는데
바이러스 동선을 따라 별들이 직렬로 서네
이렇게 공식적으로 기록되는 거지
오류를 일으키며 사람을 찾습니다 종로에서 헤매는
93세 정해운 씨가
압구정에서 본 소년과 인상착의가 같다고
제가 망친 것을 구경하며 돌아다니는 알츠하이머의 시냅스 속에
우리는 접속되어
이런 방식으로도 발견될 수 있을까? 사랑은
자신의 원리를 증명해내는

오직 두 사람의 감염된 세계
단장을 치며 신을 인계하네 가만히 끊긴 지평을 이으며

조금 더 높고 부드럽고 우아한 지옥이 되기 위하여
우리가 읽을 수 있는 수치로
바짝 얼굴을 들이대고 있는
지구는
또 다른 차원의 육체를 만지게 되는 거야 죽음의 성분을 렌덤하며

여수에서

곁에 있으면 유속이 빠르고 파고들면 적적하다

무릎 위에 앉혀놓고 등을 쓸어내리듯이
돌아 앉혀 두 귀를 맞잡듯이

사물의 네 개의 다리와
사람의 네 다리가
공중에서 건들거려도 좋다

가장 작은 면적으로 우리가 쌓아올린 세상

새를 들이지 못하게 나무를 모두 자르라 했던가
의자는 숲의 유골을 전한다

평면을 닮아가는 둔부와
넝쿨처럼 질끈 감아 오른 말들

복잡한 심경을 헤아려 좀처럼 서로를 내려놓을 수 없었다

우리는 누구와도 피가 다르기에

바닥부터 턱밑까지 수압을 견디느라
얼굴이 빨개졌다
꽉 끌어안은 어깨와 희고 굳센 몸통을 장막 아래 가리고

타인을 바라보는 것이 제 운명을 확인하는 일과 같을까

사랑을 고백한 것도 아닌데 꽃 하나, 하나가 왜 섬일까

당신 무릎에 앉았을 땐 붉었고
정처 없을 땐 멍처럼 푸르다

뒤늦게 뒤늦게 피어나도 나 혼자만 피는 게 아닐 것이다

흑작약

 저는 울지도 못하고 피지도 못하고 심장이 통통 뛰어 다니는 걸   보았어요 삐약거리다 지느러미를 달았다 날개를 붙였다 저를 꼭   같이 따라하는 늙은 신도 보았어요 그렇지만, 너 그렇게 하면 사   람들이 알 거 아니야, 당신은 욕하고 너가 죽었으면 하는 마음   이고 저는 너무 분해 당신 손가락을 깨물었어요 있는 힘껏. 가슴   과 등에 자줏빛 얼마나 멍이 깊은지 가려도 피어나잖아요 숨   겨도 알아보잖아요 제 탓도 아닌데요 속눈썹을 꼭 감고 꿈속에   처박혀 있을 뿐인데요 꽃대라도 올린 듯이 왜 저를 밟고 저를   파헤치고 저를 막 대해요 그럴수록 당신이 왜 꽃 펴요 그럴수록   저희는 무엇의 반복입니까 떨어진 자리에 앉아 있다니 향이 되어   걸어 나가다니 꼭, 죽은 자리로 돌아오는, 꽃

제3부

북쪽의 수문

 기다린다 기다림을 잊기 위해 시간은 나선형으로 몸을 꼬고 다른 우주를 탄생시킨다 유전자 사슬처럼 알 수 없는 군중들에 자주 전시되어 아마포에 때를 묻히며 스스로 거룩해지는 작은 면적을 익히고 하나의 빛을 모으기 위해 신체는, 눈물 한 방울의 최대치 볼록한 슬픔 속으로 바싹하게 타들어 가는 작은 흑점처럼 나는, 나를 태워버린 그을음 안의 구멍 희미하게 그을리는 꽃잎들 춤출수록 위험하지 기다리고 있었다 기다림을 잊기 위해 강과 식물과 대기가 서로에게서 구분되지 못할 서로의 구현 속으로 빈 배를 저어 오듯 무수히 많은 순간들의 찰칵거림과 영원의 산재한 현재들 빗장을 내렸다 풀었다 가슴속에 조리개를 열듯이 범람하기 직전의 수문처럼 나는, 나의 잠재적인 재난 절대 벗어날 수 없는 치수를 몸에 새기고 기다리고 있었다 기다림을 잊기 위해 우산을 쓰고 반은 맞고 반은 틀리게 이토록 국지적인 호우를 날씨의 순수인 너를

시간의 정원

요즘은 행사가 없나…… 나르시스트를 위한…… 종이들의 폭죽놀이 흰 피가 떨어진 곳에는…… 잎 너른 정원수가 기억을 흔들고……

죽어봐야 아는 맛이 있지…… 시간의 정원은…… 내일이 오픈인데…… 하루 뒤면 내세인데……

뒤통수에 눈알을 박고 똑바로 가면 애인의 연애가 보인다

날개를 쏙쏙 뽑아 묻고…… 날아가는 목뼈…… 부러진 하늘……

내가 흘린 눈물은…… 하얀 화약 같아…… 읽지도 못하게…… 글자들을 방해하네

우리는 오로지 한 컷의 악몽을 실현하기 위해 이곳에 왔지

내용도…… 음성도…… 톤도…… 사라진…… 붉은 액션 페인팅……

질투라는 감정이…… 등 굽은 짐승을 키우고 있네……

어떻게 살아도 오리지널일 수 없는…… 피떡처럼 떠다니는…… 원형질의

  내 애인은 자기 애인의 낭송 컷을 찍고 내 애인은 자기 애인의 정원을 돌보고

  희고…… 투명하고…… 금속성의…… 빛나는…… 오후 같은…… 가윗날을 들고…… 찰칵찰칵…… 내 심장의 중심부를…… 오리며…… 오리며…… 나아가며……

거울 회관

 회관에는 여자들이 모임을 하고 새로 이주한 누군가가 오고 있었다 모서리 밖을 벗어나지 못하는 여자들이 빙글! 버터처럼 뭉쳐져 시간은 쩐득쩐득하고 어느 쪽이 허위인지 더 참을 수 없는 쪽을 버린 것을 모선을 실행한 진실 쪽이라 하나 나는 누군가와 토론을 하고 있었던 것 같은데

 악몽이 생생한 건 실재가 그렇기 때문이지 해수면이 급격히 상승하고 빌딩은 식물처럼 종말을 감상한다 쓰러지듯 누우면 높이와 깊이와 추락은 동어반복 방향은 자신을 함축한 하나의 점으로 물의 피부에 돋아나고 부패한 채로 떠다니다 폭발하는 검은 남근들

 서로를 주시하다 서로의 바른편 극성이 되어버리는 연인들처럼 불구의 팔을 하나씩 나눠 가지며 순식간에 세계의 일부가 붕괴되는 것을 바라본다 거울 속의 유일한 눈동자 속으로 입장하는 최후의 인간 한 쌍을

 어느 쪽이 허위인지 끝끝내 시작되는 첫 물음이 바닥을 건

지 않고 바닥을 받치고 서 있다 하나의 의혹이 하나의 대륙으로 떠오를 때까지

 붉은 천을 머리끝까지 뒤집어쓴 소용돌이와 자기부정과 맞잡는 손들 무늬 지워져 떠오르는 회관의 침수를 그늘에 얹고 한 방울의 물은 물 안의 모든 기억을 갖고

 한 칸 한 칸 나는 하얗게 영혼을 말렸다 한꺼번에 증식한 행성의 포자를 공중에 풀풀 날리며, 오직 한 번의 유성생식을 꿈꾸었던 멸종의 대열이 되어

내가 망친 페이지

물결이 강이라는 추상 위에 유일한 활자처럼
둥근 획을 이을 때
심경이 적히는 바닥 위에 통째로 뒤바뀌는 몸뚱어리 하나
빛을 뒤로한 구름이
제 찢어진 얼굴의 낯선 감정을 읽어내듯이
모스 부호처럼 도톨하게 만지키는 바람의 성대들과 같이

우린 너무 많은 말을 하고 있으며
쓰고 있으며
읽고 있으며
 불가항력으로 등장하는 첫 단어를 위해 육체를 몽땅 던져 버리고 왔다는 사실
 가끔씩 못물이 출렁이듯 젖은 솜처럼 가라앉는 구름을 감각할 때 소스라치며 흩어져 자기를 갉겨 버리는 길 위의 음영처럼

 어떤 페이지를 유심히 들여다보듯이
 고개를 수그리는

가엾고 간절한
시선 아래 꿈틀거리는 애벌레처럼

어떤 때 나는 펼쳐져
네 손바닥 위에

너를 망쳐
꿈속의 낙서처럼

유체이탈

배열을 슬쩍 뒤바꾸는 시늉으로 그것으론 부족해 천장의 먼지 얼룩을 세세히 기억해 본다 깨어나면 증명할 수 없는 세계는 모조리 디테일에 있다고 눈 부릅뜨며 벽을 뚫었다 나는 날아간다 나는 도달한다 유체이탈 하는 글자들은

폐 속에 그득히 뿌려진 흑성처럼 자신만의 병기를 갖고 있고, 꿈도 대칭이 있어 흰 쪽 검은 쪽을 나눠 갖는다고 누군가 큰 소리로 검은 개에 관한 시를 읽고 있다 아직 쓰이지 않은 나의 시를 카피한 족속들

탈락한 활자를 맞추듯 손가락이며 혓바닥 눈알 같은 칸칸이 메우고 일어서는 가장 근접한 전생이 벽지처럼 쥐 오줌 묻은 얼굴로 나를 들여다본다 다른 시간에 다른 장소에서 뽀루지처럼 만지키는 단어들은

고백이 되지 않으려고 이상한 문장 속에서 몸을 비틀며 깨어나고 우주의 한 끝이 살짝 말린 채 입술에 묻은 구한말의 화약을 사랑해서 어떤 이름은 자꾸만 총구 앞에 서는 어둠이다

사물의 본연

여긴 왜 시어가 없지?
더 이상 방을 잃은 그들
하늘이 작은 손바닥을 거두어 가고
창틀은 뽑혀 먼 곳의 관을 짜네
연인처럼 따로이
홀로 서 있는 기둥처럼
분명 서로에게로 집결하던 하나의 문장을
구조화하고 있었는데
피뢰침처럼
길게 땅으로 꽂힌
두 개의 시행은
그들을 떠받칠 벽면을
사지의 흰 지면을 잃고
여긴 왜 시어가 없지?
언어를 벗겨내는 회오리
몰아치는 두 개의 노숙만 남기고

초록에 대한 해석

 너와 빗줄기는 무주고혼이라 폭우에는 강을 돌아보고 오는 일 몸속을 파고들고 물뱀을 끄집어내고
 습기를 다 놓을 때까지 세상과의 일을 멈추지 않을 거야 흙탕물을 튕기며 우리가 모르는 전투가 시작되었다

 한 번의 화해가 있었을지 모르지 우글거리는 초록 뱀들의 터널에서 최초의 감정을 숨기고 흉해지기로 한 마음이
 배를 까뒤집으며 피크닉 박스 안의 생이 쏟아진다 퉁퉁 불어 풀려 나온 검정 구두들
 주검을 품고 무거워지는 적란운들

 함부로 부러지고 떠내려 오는 것들은 누구의 잠으로 흘러가나 핀셋으로 끄집어 올리는 꿈속의 꿈 피부 아래에 꿈틀거리는 빗줄기와 말하기 위해 존재를 구부리는 최초의 환형 문자들

 사랑이란 말을 고안하기 위해 인류가 공들여 온 섬세한 죄악들

왜 이렇게 된 건지
그럴 수밖에 없는 것인지

답변보다는 질문이 하고 싶어져 오래 견딘 지옥이 있었지

눈과 음부에 사이좋게 나눠 갖고서 급류를 만들어가는 기필코 충돌하고야마는
에덴의 내부가

나의 각다귀

각자 길을 가는데
각다귀야 너는 왜 길을 다 몸에 붙이고 와서
걷지 않고 벽에 붙어서 시간이 통통 길처럼 흐르다 멈추고
매 순간이 절벽 같아 90도 벽지 위에
오해 속에 너는 죽는다네
폐를 끼치지 않으려는 마음인데 입술을 곧바로 꺾어 부러진 창끝을 달고
할 수 있는 발음은 간절하고 애절한 구음뿐인데
죽는다네
관 속에 삼베처럼 접히기 좋게
어느 세상도 가고자 한 바 없이 길을 끊어 사지를 구족해
날 때부터 염한 듯이 여섯 발들이 정결하구나
신체만큼의 길이가 아니라면 더 가고자 한 바 없는
필생의 가난을 달고
각자 길을 가야 하는데
성가시구나
말하노니, 구족한 사랑을 끊어야지
각다귀야 오해가 깊을수록 오물은 성스럽네

주검을 누인 방을 감싸듯이 네 벽의 모서리와 두 개의 심장을 더듬는 듯
　핏기 없이 가늘게 뽑아 올린 죽음 안의 길이
　이제 처서의 옷깃에 닿으러네
　너는 작은 너의 고분을 붙잡고 추문 속에 사라지겠네
　세상을 한 발짝도 나간 바 없었다 해도

두 개의 눈동자

저 끝에서 누가 부싯돌을 친다
딱딱! 치는 소리는 희고 푸르고
한낮을 만드는 방식과 같고
이런 생각이 드는 밤이라면

누군가의 타버린 식도는 삼키지 못한 말들 때문
출현하기 전의 세계를 희끗하게 예시하며
돌비늘처럼 번쩍이며 떨어져 나오는

누군가는, 누군가가 잘라 버린 귀
더듬으면 사방으로 튕겨져 나가는

우리가 알아보지 않을 때만
하나의 돌로서 존재하는
너는 나의 뜨거운 유일성

누군가는, 누군가를 힘껏 집어던져 깨진 유리창
박살난 채로 따라가는 세계 같고

동시다발의 타임라인 위에 우리는 만난다

두 개의 눈동자처럼
한꺼번에 세계를 잠재우기 위해

빛은
어둠의 순수한 직면

상악과 하악을 치며 턱 아래로는 모두 찢어지는

누군가는, 누군가의 파멸을 실천하는
순수한 몰입 같고
다정한 천재지변을 건네며 건네며 사라지고

두 개의 붉은 사립문이 있는 화령전

마음이랄 게 한 주먹 봉지 꽃 같다면
햇살이며 싸락눈이며 가지런히 설켜 있는 하이얀 처마

몸 다 제하고 남은 값이 속 겹 꼭꼭 채운 하룻날 우레에 들었다면
사랑은 험한 꿈 아니야
죽음도 흉사가 아니지

선홍 핏물 돌다, 되밟아 다시 오라고,
그대 어깨에 가난한 꿈을 받치고 비스듬히 서겠네

사계를 가로막고 두 짝 사립문 되어 북망에서도 자꾸 물들겠네

작약이여, 들어오라, 들어오라고

투명한 미래

 뾰족한 증오가 가장 너른 면적이 될 때까지 뼈 속의 사건처럼 박혀 있었던 어느 하루의 악천후가 그가 구상한 음계에 도달하듯이 벗겨지는 화환들과 빙글빙글 떠오르는 중심 안의 혼돈을 누구의 이마에도 올리지 않은 애도가 검은 안구를 돌리듯 온갖 광기 속으로 하나의 음정을 끌고 가는 길고 단순한 행렬을 돌이킬 수 없는 것이어야만 소리가 된다는 사실을 알게 된 한 방울의 침묵을 떠올랐다 가라앉았다 물의 강박이 되길 바라는 오, 필리아여

 너의흉하고불길하며아름다운짐작들이

흑염소를 먹으러 갑시다

이곳은 캄캄하다
뒤통수를 돌리고 있기 때문이다
누군가 빛의 속이 궁금하다면
그는 모든 걸 거꾸로 볼 줄 알아야 하는 자
눈알을 빙그르 돌려서 자기 앞의
절벽을 끝까지 바라보기
새카맣게 타들어
어쩌면 외투처럼 보일수도 있겠지
모텔 방으로 끌고 가는 내 몸은 일만 마리 흑구름
뭉턱! 머리통을 자르고
피가 불에 섞이면
촛대 위 기름처럼
어떤 언어는 고이고 흐르고 다른 세계를 밝힌다
한번 옷을 벗었던 풍경이
지속적으로 고삐를 끌어당기네
눈앞이 환해지네
밖에서 보면
아! 어떡하지 몸뚱이가 악마처럼 타오르네

이마에 양립할 수 없는 두 개의 길을 꽂고
벼랑과 벼랑 사이를 걷네
너한테 가는 게 아니야
난 순수한 나만의 제단으로
살을 헤치고 뼈를 바르고 긴 내장을 훌리는
구름의 강박으로
염소처럼 흙비를 몰고 내게로 가는 길

테헤란로

 테헤란은 건조하고 뜨거운 사막의 상상력
 존재는 가장 강렬한 결핍에서 생성되니까
 영원이란, 시간을 다 죽이고 등장하는 파라오
 깎아지른 고층 벼랑 같은 얼굴로 만년 뒤 춘분을 가리킨다
 각기 다른 차원에서 뻗어 온 손톱에 모눈종이처럼 찢어지는 창문들 우그러지는
 각기 다른 차원의 연인들이 부둥켜안고 구르며 떨어져 나가는 끝나지 않은 전광판 위로
 배터리를 집어삼키고 캄캄해지는 유리 스핑크스처럼 표정이 매끈한
 자기가 던진 의문 하나에 와장창 깨어지는
 깨어짐의 중심으로 한 번의
 좌정(坐定)이
 답변을 기다릴 새도 없이 쏟아지는 어떤 슬픔이 혀끝에서는 끝나지 않을 유리사막이

제4부

글자의 품위

몸이 생길 때마다 다리가 생기다니

  환상은 다족의 발을 달고 색깔마다 다른 창을 기웃거리고 각각의 서식지에서 피어나는 그림자들. 집을 찾아 귀가하는 저녁의 지네처럼 자기의 병기를 부인하며 부식될 때마다 언 발을 모으듯 맞춰보는 세상이 있지. 한꺼번에 구부려야 알 수 있는 구형의 육체가 있지. 우리는, 우리가 키운 입속의 검은 구멍. 제 입이 제 꼬리를 물어야 비로소 멈추는 오래된 묵음. 자기의 몸 바깥을 상상할 수 없는 다중의 길. 우리는 환상 대신 불구를 선택하지.

  생활이 아니라 인쇄를 원하는 글자들처럼

말린 꽃

가여운 천사님 저는 보았어요 벽돌이 뜯긴 낡은 집 안에서
천장과 바닥이 붙어 있는 언젠가의 재난에서
상실을 벌리면
압사한 글자들
무엇을 추도하기 위해 당신은 엎드렸던가요
하나의 내용과 하나의 외곽이 데칼코마니처럼 서로를 펼쳐요
중심을 꿰맨
그 바깥을, 지속적인 날개의 실패를
책이라 부르고 싶군요
가여운 천사님
참형을 겪고 있는 그 페이지는 덮어두겠어요
서로의 육체 안에 봉분을 만들고 애도하듯 바라보던 사랑의 당대를
손끝으로 피워낸 작은 기적 위로 흰 곰팡이가 번지네요
알아보면 황급히 찢어버리는
벽지 같은 피부
바깥에서 떨고 있는 나의 천사여, 나의 내막이여

허공을 찢으면 믿을 수 없는 감정이 있어요
식별할 수 있는 홀로의 죽음이

몸 끝의 인드라

 눈물이 빗물이 되어 씨앗을 틔울 것인가 사리자여 시제법 공상인데
 답을 머금은 질문처럼 물방울이 열을 이어 도열하였다
 손가락으로 끌어당기면
 그대와 나는 처음 마주한 질문의 순간 속으로 순간이 데려간 질문 속으로
 우리가 실패한 글자들의 강렬한 폐기 속에
 슬픔은 정렬한다
 사리자여 부증불감인데 한 방울의 연민 속으로 굴러 들어가

 흑연을 깎아 첫 글자를 새기며 그대는 진리의 공백 속에 한 페이지를 보태고
 오온이 공한데 사리자여 하나의 깨끗한 정각을 이루기 위해
 알맹이를 뽑아버린 그대는
 온 바다가 와서 우는 단 하나의 귓바퀴, 형태의 아름다움을 증득하였다

이제 막 귓불을 뚫은, 여자애의, 빛남을—
경박하게 흔들리는 진리의 이미테이션을 위해 그 스스로의 번민 속으로
끝없이 굴러가
종말 같은 초록이 되어버렸다
사리자여 괴로움에 진짜 뿌리가 없는데

시인의 부고

낮도 밤도 아니어서
삽입된 공백 같은— 그건 꿈이라서

하나의 얼룩 앞에 무릎을 꿇는 저녁이 와서

뺨에 수염이 선명한 사내의 파레이 돌리아
사실은 우연이고,
진심은 얼굴이 없는데

알 수 없는 시대의 공기에 섞여서
이 꿈은 밀봉된 채
오래 기다려 온 누군가의 체취 같은데

당신이 파산할까 하는 심정이 있었는데
하나의 화폭에 인간의 살을 탐구해 온
두터운 마티에르와 질량이 다른 어둠을 보여주었지
ㅅ자로 3등분한 흉곽으로
영혼을 분배하고 있는 어떤 정신이

무명과
익명과
예술의 모든 운명이 초조하게 무릎을 꿇고

나를 올려다보는데
이것은 꿈인데

깨어나며 조용히 달래는 소리를 들었다

여보, 괜찮아요?

이미 죽어버린 아내가 태중에 사산한 아이를 가린 채
그의 어깨를 다정히 누르며
밤을 솔처럼 늘어뜨렸다 거두어 갔다

생일

당신은 패했군요

눈송이가 날립니다
문을 열면 두렵고도 슬픈 이야기가 기다릴 텐데

차마 들어가지 못하고
명년에 꽃나무엔 꽃이 피겠지요

저는 돌아올 테죠

깨질 듯이 아플 때마다 정수리를 찢고
순수하게 출현하는 다수의 밤을
꽃나무는 하나씩 매달고

당신은 패했군요

하지만 우리는 그곳에 있었죠
몇 번 만나며 저마다 다른 삶 다른 사고방식으로 속수무책

당해왔던 건

그래도 지워지지 않은 앞섶의 각혈 때문이죠

한 해에 한 번씩 죽는 꽃이라면
붉은 치마를 머리끝까지 뒤집어쓰고
몸을 날리는 궁녀처럼
이 나무는 전설을 내려다보는 암벽 같군요

하나의 죽음 속에는 온 생의 죽음이 다 들어 있어요
손가락으로 가리키며 그 달이 떠오르네요

불타는 열반 앞에 경을 독송하는 그 방에서
이제 당신은 걸어 나오세요

사랑은 지옥에서 돌아온 흰 개와 같아

애인은 흰 포켓 안에서 끝없이 과일을 꺼내고
포개진 시간은 왈츠처럼 한자리에서만 돈다
아침은 반짝이는 유약에 눕혀야지
어떤 패턴이 되기 위해 골몰해 온 몰골들
몰살당한 왕조의 미학으로부터
조금씩 강박이고
조금씩 중독이고
조금씩 기형이고
조금씩, 천국은 지옥에서 돌아온 어떤 것
 백토에 규명할 수 없는 화학원소들을 휘저으며 미래는 휘 핑크림처럼
 순수한데
 왜 타락한 거 같을까
 알 수 없는 눈물을 흘리는 사람과
 바닥을 씹는 사람
 틀어 올린 머리를, 긴 목을 자꾸만 쓰다듬으며
 아무도 모르게 떨어트리는 사람
 파편을 구부려 전신을 줍네 내부를 모두 흉기로 바꿔 오늘

이란 고강도로 압축한 어떤 영원
　애인은 행상처럼 어디든 떠나며 살 수 있다 하네
　흥얼거리며 눈 코 입을 그려 붙이며
　우리는 신선한 증명이 되기로 하자
　지옥에서 나오니 지옥이 구원이네
　혼자만의 흰 동굴과
　빛도 없이 길어지던 흰 그림자
　양 날개를 가슴에 끌어 붙이고
　배반을 지그시 누르는 두 몫의 점유로

　커-ㅇ 커-ㅇ 나는 투명하게 찢어지는 당신의 입구

너의 칼로

너의 얼굴은 계속 찢어지네

여름은 난산하듯 너를 통과하고

어떤 색깔은 형체를 휘청이게 하는 질량
힘주어 말할 때는
난도하듯 너를 먼저 찔러야 할 거야
캔버스에 나이프로 빛들이 하나의 터치를 주장하듯

유황 불 지옥이 올라와 있네
너의 목 위로는

자꾸 자꾸 찢어지고
이 여름이 한 일이란 너의 피부를 다 써버린 일
박음질한 슬픔의 상피세포들 노-랗게
빙글빙글 우주가 너를 중심으로

담벼락에 기대어서 헛구역질 하네

이 얼굴의 주인은 벌써 떠났어요

빈집을 지키듯이

죽은 뿌리에 매달린 유령 같은 여자가

언제 적 여름이 허옇게 눈을 뜨고 다녀가고 있는지

짚불을 옮기듯이 골목마다 너를 바라보는 고통이

거미에 대한 생각

하늘을
수없이 친 못으로 인식하는 사람
길고 긴 못들이 쉼 없이 쏟아져 나오는
구멍들로 생각하는 사람

당면한 것은 손쓸 수 없이 무너지는 것들
먹잇감의 눈 속에 묻혀 오는 해충 같은
신들로
길게 찢어 형상합금으로 제작한 몸과
종일 쳐들고 있지 않으면
압착될 지경인
용접 강판으로
머리 위를 인식하는 사람

뜯어내면
궁륭처럼 휘는 바닥이 있다

그가 창조한 분명한 천국이

있기도 없기도 한
손 안의 하늘이
조심스레 만든 바닥을
우산살처럼 치켜들고서
아버지를 손에 쥐고 걸어가는
거미의 직계가

천장이 되기 위해 손발을 다 뜯어버린 저녁이

흰 새의 방

슬픔에도 한계를 정하듯
구름 위에 또 구름
물 밑에 잘린 하반신이 대기에는 둥둥

폐 속을 구르던 고형의 울음이
우박처럼 돌처럼
여름날의 퇴로 속으로 수장한 해처럼
사물의 경계에는 그림자를 벗어두네

그 울음이 없다면
불의 해변을 얻지 못했을 것
맨드라미는 태양이 울다 간 베개 자욱
자두는 목구멍에 빨갛게 익은 이름
자기를 게워내려고
그 많은 돌들의 면적을 삼키고
오리 떼는 죽었지 일렬종대로

자기를 애도하기 위해

우리는 신체의 일부를 키워왔지
네가 상처받은 그 부위는
너를 싣고 날아갈
가장 신비한 너의 날개

자꾸 물어본다
내가 죽었나 내가 죽었나
잠결에 이마에

물의 관람석

진리는 만연한 것 돌들이 흰 미사포를 쓰고
공중을 우러러 울듯이 돌아오는 절벽의 낙수들

하늘은 비처럼 직립해 뺨을 치는
하나의 사건 속으로 몰두하고

부드러운 시퀀스를 이루기 위해
풀들은 미열의 춤을 익혀 왔지

오래 만져 상해버린 과육의 단면 속으로
미래는 객석처럼 몸을 말고

흙은 지상의 비밀을 기다린다
신의 신체를 이루기 위해

일몰처럼 상영관 불이 꺼지고
핏기 없이 착석하는 유령들, 빛의 운율들

누군가 필름을 꺼내 돌려보는 듯이
무수히 편집되고 재배열된 영화처럼

마지막 극적인 클라이맥스를
광활한 너에 숨기고

스스로를 태워버린 나는, 하얀 잠의 잿더미
눈물, 몸에서 함부로 잘려 나간 꿈의 재현들

비 오는 눈동자

비만 오는 행성이 있을 것 같다

젖은 그림자를 곧장 앞으로 떨구며

수레에 자기 운명을 끌고 가는 듯이

우중에는 앞장서는 한 고독이

차가운 손들을 연신 뺨에 대며

영구 자전하는 두 개의 똑같은 분열이

자기를 다 부정하고

빗발치며 돌아오는 이런 밤에는

마지막 형상을 구상해 온 구름의 외관으로

그토록 길게 드리워지던 한 끝을 잡고

끝없이 흘러들어가던 검은 웅덩이에

깊이도 없는 깊이와 슬픔도 아닌 슬픔이

이름을 지어놓고 기다리는 죽음처럼

한 방울의 물 바깥에는 번호표를 들고 있는 천사가

사랑이 올 때는 거주민 없는 두 개의 눈동자가

너를 등에 업고

끝은 어디에요 끝은 어디인 거야 끝을 물으며
끝에 물려 있는 물을 등에 업고 너를
등에 재우고 밤에 군락처럼 당도하는 꿈에 너를
입수공 출수공으로 드나드는 물을 게우며
끝은 어디에요 끝은 어디인 거냐고
이마를 문지르는 등에 너를 업고 꿈에 너를 재우고
끝에 끝을 물고 오는
너를 끝없이 끝없이 등에 업고 너를
쥐도 새도 모르게 애기집을 긁고 오는
뜨신 국밥 말아먹고 바람 나간 구름도
끝은 어디에요 끝은 어디인 거냐고
울음은 물음의 해안선 물음은 울음의 끝을 물고
나의 등은 뜨거운 너의 해변
눈물이 타면 거기서부터 사막이지
끝이 어디냐고 여기가 끝이어도 되는 거냐고
구름이 얼굴을 파묻어버리는 너를
등에 업고 끝도 없는 너를
끝없이 끝없이

해설

행성의 상상력

이재훈(시인)

　인간의 상상은 땅에서 출발하여 가장 먼 우주로 향한다. 시에서 자주 얘기되는 자아의 세계화나 세계의 자아화는 동일성의 개념을 설명하면서 자주 쓰이는데 이런 개념이 시적 상상력의 근간이 된다. 인간이 발 딛고 살아가는 땅은 현실세계를 환기하며 성찰과 연대의 덕목을 떠올리게 한다. 시는 근본적으로 현실을 성찰하는 데 많은 시간을 쏟아왔다. 땅에서 출발한 시적 상상력은 이 세계의 온갖 자연물들과 모든 사물들을 시적 대상으로 선취하기도 하고 허공을 넘어 우주로 향하기도 한다. 시적 주체의 시선이 우주로 향하는 순간, 시는 인간의 원형과 시원을 꿈꾼다. 그러므로 형이상학적 사유가 시의 질료가 되며 시는 제의적 성격을 띠기도 한다.

함태숙은 첫 시집 『새들은 창천에서 죽다』에서부터 현실과 우주의 거리를 시인의 직관으로 단숨에 끌어들여 광활한 사유를 펼쳐왔다. 가령 "너는 몇 겹 하늘 위 공허를 다 데리고/네게서 소멸된 모든 빛을 다 데리고/죄 받듯 온단다/벌 받듯 온단다"(「수태고지」)는 선언적 시행은 마치 신과 교류하는 한 실존의 제의적 고백처럼 읽힌다. 수태고지를 받은 주체는 "내 속의 가장 빛나는 영토를/가져가시고/물고기 한 마리를 내리소서/대지의 어머니가 기원하자/생살이 찢어지며/빗물이 내리쳐/젖은 채 타오르는 강이 생겼다"(「회임」)는 신화적 서사를 받아들인다. 즉 시적 주체의 몸은 우주를 관통하는 하나의 매개체이다.

　　어쩌면 우리는 모두 하나의 우주이다. 시인은 자기만의 우주를 인식하고 언어화시킬 수 있는 주체이다. 이번 시집에서도 단단하고 날 선 내면의 언어가 곳곳에서 쏟아지듯 흘러 온다. 인간 군상들이 경험하는 사유가 행성을 배경으로 한 상상력으로 습합되고 진화한다. 더욱 눈에 띄는 것은 인간이라는 존재가 가진 운명적 결함을 목도하는 점이다. 시는 인간의 결함을 깨닫게 하는 유일한 언어이다. 하여 "여긴 왜 시어가 없지?/더 이상 방을 잃은 그들"(「사물의 본연」)이라고 방황의 순간에서도 시를 찾는 주체를 만난다. 시는 "홀로 서 있는 기둥처럼/분명 서로에게로 집결하던 하나의 문장을/구조화"하는 언어이다. 시인은 시를 통해 사물의 본연을 인식하려는 태도를 가진다. 이러한 인식은 다음의 시와 같은 해석을 낳는다.

너와 빗줄기는 무주고혼이라 폭우에는 강을 돌아보고 오는 일 몸속을 파고들고 물뱀을 끄집어내고
　습기를 다 놓을 때까지 세상과의 일을 멈추지 않을 거야 흙탕물을 튕기며 우리가 모르는 전투가 시작되었다

　한 번의 화해가 있었을지 모르지 우글거리는 초록 뱀들의 터널에서 최초의 감정을 숨기고 흉해지기로 한 마음이
　배를 까뒤집으며 피크닉 박스 안의 생이 쏟아진다 퉁퉁 불어 풀려 나온 검정 구두들
　주검을 품고 무거워지는 적란운들

　함부로 부러지고 떠내려 오는 것들은 누구의 잠으로 흘러가나 핀셋으로 끄집어 올리는 꿈속의 꿈 피부 아래에 꿈틀거리는 빗줄기와 말하기 위해 존재를 구부리는 최초의 환형 문자들

　사랑이란 말을 고안하기 위해 인류가 공들여 온 섬세한 죄악들

왜 이렇게 된 건지
그럴 수밖에 없는 것인지

답변보다는 질문이 하고 싶어져 오래 견딘 지옥이 있었
지

눈과 음부에 사이좋게 나눠 갖고서 급류를 만들어가는
기필코 충돌하고야마는
에덴의 내부가
—「초록에 대한 해석」 전문

시인이 내놓는 초록에 대한 해석은 원형의 서사에 가깝다. 타자로 대표되는 '너'와 사물로 대표되는 '빗줄기'는 모두 이 세계를 떠도는 외로운 영혼들인 무주고혼이다. 무주고혼의 존재는 근원의 몸을 가진다. 폭우가 오면 강을 돌아보고 몸속의 물뱀을 꺼내는 일을 서슴없이 한다. 그것이 인간이 숙명처럼 치러야 하는 전쟁이다. 인간의 몸속에 있는 뱀은 원죄의 상징이다. 인간은 "최초의 감정을 숨기고 흉해지기로 한 마음"과 매번 싸워야 한다. 뱀을 통해서 경험하게 되는 것은 "배를 까뒤집으며 피크닉 박스 안의 생"이며 "퉁퉁 불어 풀려 나온 검정 구두들"이고 "주검을 품고 무거워지는 적란운들"이다. 이러한 이미지들은 시인의 사유 속에서 "꿈속의 꿈"으로 환치되어 "최초의 환형 문자들"로 화한다.

  시인은 원죄를 껴안고 사는 인간의 숙명을 원형 상징을 통해 고민하고 있다. 사랑은 인간의 원형적이고 보편적인 관념에 속한다. 인간은 누구나 탈(persona)을 쓰고 살아가며 이것 없이는 사회적 관계를 지속하기 어렵다. 원형은 영혼의 가장 밑바닥을 보여주는 일이다. 시의 이미지는 폭우와 초록으로 가득하다. 이런 이미지들은 "눈과 음부에 사이좋게 나눠 갖고" 또한 "기필코 충돌하고야마는" 관계 속에 있다. 마치 에덴의 공간처럼.

  이처럼 함태숙의 언어는 먼 기억으로부터 소환된 상상에 젖줄을 대고 있다. "제가 살지 않은 시대의 글자"(「콜링」)를 보며 "신들의 필기체"와 같은 언어를 쓰다듬으며 "신의 도형"을 상상한다. 언어에 대한 감각은 근원에 대한 희구를 불러일으킨다. 시의 주체는 "텅 빈 입과 텅 빈 귀와 당신의 텅 빈 얼굴 호명되어야 완성되는 기나긴 창세"를 완성하기 위해 언어를 사용하는 것이다.

    어디서 이 간극은 발견된 것일까

    생이 여러 번이었다면 가장 단순한 곡선이 되었을 거다
    부피를 삭제한 바다처럼
    깊이란 건 수평의 개념이 되는 거지

끝없이 길어지는 양팔을 봐
무릎을 가슴에 싸안듯이

우리는, 우리의 바깥으로 튕겨져 나가지 않게
우리의 감옥을 자처하며

하나의 둥근 질량을 얼음과 먼지의 고리로 에워싼
당혹스러운 아름다움을
노이로제에 걸린 연인의 눈 속에서 번쩍! 이는 섬광을
떨어진 부싯돌을 주워 들듯이 이게 맞나? 망설이며 모든
생애의 허리를 굽히듯이

그때 다시 리셋 되는 시계처럼

혼자만의 유일한 설득으로 다시 나를 데려오는
너는, 다정한 나의 몰락

근접하면 타버리는 표면을 끝까지 다이빙하며
너는 영혼 속에 어떤 간극을 포함시켰다 네가 사라지며
재생되는

> 사랑의 기술력으로는 도달할 수 없는 생활 위로
> 폭우가 내린다 미친 듯이 소멸하는 피사체를 따라잡으며
> 끝없이 전송하는
> 전소하며 내려앉는 음악이 되어
> ―「토성에서 생각하기」 전문

시인은 간극에 대해 말한다. 시에서는 먼저 인간이 인식하고 있는 토성에 대한 과학적 상식을 설파한다. 토성의 이미지를 통해 얻을 수 있는 상상력을 언어화시키고 있다. 시는 곡선―부피―깊이―수평의 물리적 상상력에 기대어 '지금 여기'의 시간과 삶을 유추한다. 또한 "우리의 바깥"과 "우리의 감옥"이라는 인간의 삶과 연결되는 주제적 매개체를 만들어 나간다. 시인은 '토성'이라는 공간을 통해 또 다른 아름다움을 생각하고 있다. 그것은 "당혹스러운 아름다움"이다. 당혹스러운 연유는 망설이는 주체의 행위가 생애의 허리를 굽히는 이미지로 제시되고 있기 때문이다. 시인은 토성이라는 타자와 대화한다. 타자는 "혼자만의 유일한 설득으로 다시 나를 데려오는" 존재이며 시적 주체를 몰락으로 이끄는 행위자이기도 하다. 토성은 가까이 가면 타버리는 존재이다. 시인은 "사랑의 기술력으로는 도달할 수 없는 생활"을 영위하고 끊임없이 "소멸하는 피사체를 따라잡"고 끝없이 전송하는 삶을 살

아간다. 지구에서 존재하는 인간이 토성이라는 타자와 어떻게 교유하며 사유의 지평을 넓혀가고 있는지를 잘 드러내 보인다. 토성은 우리가 가닿을 수 없는 공간이지만 토성에 대한 상상력을 통해 '지금 여기' 우리의 삶과 인간의 본성을 생각하게 된다.

>저는 무결로부터 왔는데요 아버지
>당신처럼 두 개의 심장입니다
>
>저항할 수 없는 미학처럼 저를 이끌고 가는
>미지가 몸속에는 있습니다
>급냉각한 화산의 부유물처럼 겨우 형태를 갖추기 시작한
>존재란,
>자기가 인식한 자기 두려움의 외연입니다
>강함과 무름을 똑같은 밀도로 채워 넣고
>찌름과 찔림을 하나의 사건 속으로 껴안고
>서서 우는 지평선입니다
>새로 돋는 별들을 다 떨구어 버리는
>해체와 봉합의 밀크웨이를
>저는 또 한 번 걸어가야만 하는 것입니다
>
>제게는, 주검만이 당도할 극지가 있으므로

쌍별을 찾듯이 원수를 찾아 헤매는

기이한 사랑이 있습니다

입술을 열면 비명의 입구에서 얼어버리는 언어가

축문을 읽듯이 그 스스로를 애도하며

올라오는 첫 잎사귀가

거듭거듭 오는 것입니다

서로에게 봉헌하는 순간이

곡선으로 이으면 춤이 되는 시간이 주검에서 뽑아 올린 치아처럼

미지를 뒤덮는

우리의 너머에는

우리가 있음을 아는 것입니다

진실을 토막 내고 돌아오는 망각의 모습으로

다시 무결해지는 아버지

저와 같이 당신도 두 개의 심장입니까

        —「다마스커스 칼」 전문

다마스커스는 시리아의 수도이자 고대 유럽과 아시아 사이를 잇는 무역의 중심지였다. 시리아의 다마스커스에서 만들어진 칼은 철기시대 최고의 검 제조법을 바탕으로 만들어진다. 겹겹이 쌓아 두드리는 방식으로 만들어진 칼은 독특하고 고유한 무늬를 띤다. 시인은 다마스커스 칼을 소재로 하여 연금술의 상상력을 덧입힌다. 시에서의 화자는 칼의 목소리를 빌려 아버지와 대화한다. 화자는 무결로부터 왔으며 두 개의 심장을 가지고 있고 미지를 몸속에 숨긴 존재이다. 이러한 속성을 바탕으로 "급냉각한 화산의 부유물처럼" 가장 단단하고 강인한 칼의 몸을 가지게 된 것이다. 자신의 몸을 가리켜 "강함과 무름을 똑같은 밀도로 채워 넣고/찌름과 찔림을 하나의 사건 속으로 껴안고/서서 우는 지평선"이라고 지칭한다. 즉 연금술의 과정을 인간들의 수난사와 유비하여 제시한다.

당시 칼이 가진 운명 중의 하나는 죽음의 도구로 쓰인다는 점이다. 칼은 잘못 쓰면 죽음을 완성할 수 있고 그것을 "주검만이 당도할 극지"라고 표현하고 있다. 하지만 화자는 자신의 운명을 회피하지 않고 긍정적으로 받아들인다. "쌍별을 찾듯이 원수를 찾아 헤매는/기이한 사랑"이 칼이 가진 운명이다. 이런 운명은 언어의 운명과도 유비된다. 언어는 "입술을 열면 비명의 입구에서 얼어버리"기도 한다. 시에서 아버지는 누구인가. 아버지는 무결해지라고 말하는 절대자이자 우상의 상징이다. 다마스커스 칼이 가진 두 개의 심장을 이미 가진 자이다. 그러므로 아버지는 자신의 숙명을 인식하는 구원자이기도 하다.

  함태숙은 행성과 물질을 시적 대상으로 하여 자유로운 상상력을 펼친다. 이러한 상상력의 배면에는 성찰과 연대를 꿈꾸는 정치성이 함께 함유되어 있다. 시는 때로 복잡한 윤리적 태도로부터 가장 멀리 떨어져 자유를 꿈꾸지만 그 자유를 통해 다시 인간의 본연을 성찰하는 계기가 되기도 한다.

> 저도 알고 있습니다. 자본의 부당한 이익을 취하지 않겠다는 신념을 가져야만 이것은 맛을 낸다는 것을. 그러므로 저는 감자가 정직하다와 충실하다는 신성의 어원으로 사용되기를 요청합니다. 정당하게 우리는 주문해야 합니다. 초록 식물이 태양과의 관계로부터 산출한 존재의 증명을 말입니다. 생물학적 기관 안에 이미 내포되어 있는 내면을 맑고 고운 전분으로 현현하는 광합성의 절차야말로 수세기의 저의 종교였습니다. 당신이 채칼로 썰어 튀김옷에 입혀 올린 그것은 영혼의 질서에 위배됩니다만 당신은 사랑의 계율이 그러하듯이 변칙과 수정과 특권적인 자유의지로 제게 주장했습니다. 오늘날 얼마나 많은 고객들이 감자채전을 주문하는지 아느냐고 사회적 정당성을 부르짖었습니다. 그러나 노동과 내면과 지루한 절차가 생략된 한 접시의 맛은 저를 절망케 합니다. 꿈꾸듯

알알이 새겨진 엽록소들은 어디로 갔습니까. 여기 저장된 하늘과 대지의 융합은 어디에 있습니까. 강판에 갈면 물고기 비늘처럼 올라온 칼날에 같이 갈려지기도 하던 피부도 감자의 흰 살에 스며들어 사과 빛을 내던 순수한 분홍을 누가 추방한 걸까요. 사랑하는 이여, 한 알의 감자가 굴러 멈추는 구석이야말로 율법이 완성되는 광야입니다. 버려짐으로만 드러날 수 있는 은총입니다. 이렇게 썩어가거나 강판에 살을 갈리거나 후일의 물질은 관계의 순도를 중언합니다. 당신은 다른 하나의 값으로 이미 이것을 치러냈다 하였지만 이것은 거래의 밖에서 교환되는 것입니다. 이를테면 감자의 전체와 하나의 맛과의 교환 말입니다. 저는 그렇게 갔는데 당신께는 제가 오고 있는 게 아니었습니다.

—「감자전」전문

위의 시는 풍자의 방법으로 자본과 연결된 인간의 본성을 드러낸다. 감자전은 "자본의 부당한 이익을 취하지 않겠다는 신념을 가져야만" 맛을 내는 음식이다. 언뜻 보기에는 다소 과장된 해석으로 비춰질 수 있지만 시는 더 깊고 넓은 감각을 통해 사유를 이어나간다. 우선 감자를 정직과 충실의 개념어로 맞바꾼다. 여기서부터 시가 선취하는 언어는 윤리성과 연결되는 성찰의 방식으로 표현된다. 즉 정당하게 존재 증명을

해야 하는 것으로 감자를 형상화한다.

감자전은 요리의 일종이다. 요리는 불과 손이 결합한 감각의 복합체이다. 미각과 시각과 후각이 결합되어 요리는 완성된다. 시에서는 "생물학적 기관 안에 이미 내포되어 있는 내면을 맑고 고운 전분으로 현현하는 광합성의 절차야말로 수세기의 저의 종교"라는 표현을 통해 감각적으로 감자전에 대한 인식을 드러낸다. 이러한 감각적 표현은 계속 이어진다. "당신이 채칼로 썰어 튀김옷에 입혀 올린 그것"과 "꿈꾸듯 알알이 새겨진 엽록소들"과 "강판에 갈면 물고기 비늘처럼 올라온 칼날에 같이 갈려지기도 하던 피부도 감자의 흰 살에 스며들어 사과 빛을 내던 순수한 분홍"과 같은 표현을 통해 감자의 레시피가 인간의 삶으로 환치되어 드러난다. 감자전의 레시피 사이에 떠오르는 인식은 "영혼의 질서에 위배"되기도 하며 "변칙과 수정과 특권적인 자유의지"를 생각하기도 하고 "사회적 정당성"을 외치기도 한다. 또한 "노동과 내면과 지루한 절차가 생략"된 맛이 되기도 한다. 감자라는 재료를 통해 요리가 완성되는 과정을 섬세하게 묘사함으로써 얻게 되는 인식은 "율법이 완성되는 광야"에 대한 깨달음이다.

위의 시는 인간의 윤리와 자본의 윤리, 그리고 그것과 맞물려 매일 요리해서 먹고살아갈 수밖에 없는 인간의 정치성을 풍자한다. 함태숙은 시집의 곳곳에서 이러한 성찰의 또 다른 방식을 이어나간다. 「신촌 우화」는 이를 상징적으로 보여준다. 자본의 우상을 섬기는 상징적 공간을 신촌이라는 장소를 통해 우화한다. 시에서 장소성은 시적 주체의 내면을 투사하는 상징을 갖기 마련이다. 「신촌 우화」에서 보여준 공간에 대한 인식은 '신전', '유황불', '엑스터시', '마취', '환상', '균열', '시간의 융기', '지하계단' 등으로 이미지가 이동되고 넓어지다가 모여든다. 신촌은 새로운 동네가 아니라 이미 쇠락해가는 도시의 전형으로 묘사되면서 지금 인간이 섬기는 도시를 상징적으로 보여준다. 시에서 문명 도시를 고대 지하도시로 비유하여 환상적 공간을 만들어 놓은 것도 눈에 띠는 지점이었다.

시인의 "발은 장소를 끌고 다니는 혼자만의 부표"(「상수역 4번 출구」)와도 같다. 함태숙은 세계 이곳저곳을 주유하며 타자와 대화를 한다. 마치 "너에게로 이어지는 은둔의 노선"(「독후감」)을 만들어 놓고 "나는 이 환상이 옳다고 이 구체 안에서 시작해 보라고"(「안목」) 다그치는 세속의 수행자 같다. 시인이 가닿을 감정은 타자와 합일에 이르는 감각의 세계이다. 사랑과 증오의 감정이 양날의 검과 같을 때가 있다. 가장 극적이고 본질적인 인간의 정서는 감각에서 비롯된다. "연인의 심장을 스테이크로 잘라 먹은 연인"은 "당신을 썰어 먹다 함께 삼켜버린"(「우리는 혀를 나눠 먹었죠」) 말이 시가 된다는 것을 안다. 타자의 혀를 먹어 피범벅이 되더라도 시인은 그 길을 갈 것이다. 왜냐하면 "고백이 되지 않으려고 이상한 문장 속에서 몸을 비틀며"(「유체이탈」) 깨어나는 존재가 시인이며, "환상

대신 불구를 선택"(「글자의 품위」)하는 존재도 시인이고, "조금 더 높고 부드럽고 우아한 지옥이 되기 위하여"(「회복기」) 온몸으로 아파하는 존재가 시인들이기 때문이다.

시인동네 시인선 193

토성에서 생각하기

ⓒ 함태숙

초판 1쇄 인쇄　2022년 12월 21일
초판 1쇄 발행　2022년 12월 28일
지은이　함태숙
펴낸이　김석봉
디자인　헤이존
펴낸곳　문학의전당
출판등록　제448-251002012000043호
주소　충북 단양군 적성면 도곡파랑로 178
전화　043-421-1977
전자우편　sbpoem@naver.com

ISBN　979-11-5896-578-5　03810

*이 책의 판권은 지은이와 문학의전당에 있습니다.
*양측의 서면 동의 없는 무단 전재 및 복제를 금합니다.
*잘못 만들어진 책은 바꿔드립니다.
*이 시집은 서울문화재단 '2019년 창작집 발간 지원사업'의 지원을 받아 제작되었습니다.